両側のエッジ

「相反する対話」

ジャマーニ・ブラウン

詩に捧げられる。現実における感情の自
　由

紹介

人はしばしば、その人が言ったことと言わなかったことの背後にある本当の意味や力を分析するのではなく、その人が言っていることだけに焦点を当てます。「あなたは大丈夫だと言った」

「あなたはそれが大丈夫だったと『言った』」というフレーズは、リクエスターによって頻繁に繰り返されます。「説明したくなかった」「やりたいはずなのに」という、心優しい受け入れ手が口にしなかった言葉。私がその背後に真実を隠したとしても、それは完全にあなたのせいではありません、正直なところ、それはあなたが見つけることを意図したものではありませんでした。この言葉を読んでくださった方々には、一人一人に限界があるということをご理解いただければ幸いです。彼らはそれを書き出したり、露骨に言ったりする必要はないはずです、人間はそれには不完全すぎます。自分がどれだけの依存心を表現し、どれだけの独立性を欠いているかを意識してください。そうすれば、言葉にならなかった言葉は、すぐに理解し始めるでしょう。

'の恐

れ

がっかり」

失望への恐れは、しばしば感情が別の感情に反響し、劣等感を引き起こすものとして取り上げられます

劣等感、失望に伴う悪い感情。

失望は、嫌悪感という感情とともに、後悔の余韻を生み出します

不完全な行動の失敗に基づく自分自身への嫌悪感

一生懸命頑張ってください。私がペルソナだと思っているのは、一生懸命やれば頑張るほど失敗する可能性は低くなるということです

失敗は許されない

そんなことはありません

失敗には、私が私のために設定した特定の基準に到達することを期待する人々からの失望が伴います。しかし、私の力の程度に関係なく

「私はあなたを誇りに思います」、私たちが幸せに完全に服従することを許す唯一の言葉

失望の恐れ

彼らが作り出した依存のサイクルが壊れたときにのみ終わる不快な悪夢

休憩が必要だ
私はあなたの依存関係を処理できません
孤立して逃げ出したい
なんで俺の疲れがわからないんだ
なぜいつも大きな期待を背負っているのか

私にできます
他に何が必要ですか
今からやるよ
他にやることがない
何か必要な場合は、私に知らせ
てください

一生懸命頑張ってください。人々を喜ばせる。

ニットセーターを披露できる「ノー」

それが私の経験です

私は 20 歳ですが、頭をくぐもらせた言葉が今は重く

感じます

怠惰;感謝。
グランドキャニオンを埋めるのに十分な大きさの
「はい」
私が創造した人生の新しい撞着語

分離;侮蔑。

自分を見つめ直すための「希

望」

私が平和を見る言葉

説明責任を一度果たす
あなたは私の推論を理解していないでしょう
私の体は私をあきらめています
もう集中できない 怒りがこみ上
げてくる

それは私のせいでした
なんでやったのかわからないけど
疲れてるだけなのに
最近はおかしくなってきて
ごめんなさい

あなたは誇りに思うべきです
君のためだけにやったんだ
どうして私が幸せだと思った
のでしょう
　がっかりなのはわかっている

特別なことではありません
それは私の選択でした
やってよかったです
私はあなたを誇りに
思います

「自分の限界を超えて与えるには、それなり
の強さが必要」

「できない人はもっと人に頼めばいい
」

嫌悪

怒り

劣等

できない

悲しみ

「自己」

絶望」

自己絶望

戦慄効果

心を怖がらせる逃れられない感情

言った言葉と言わなかった言葉と思考が作り出す幻
想

自分の心の中で絶望的

その人の人生の否定的で不確実性だけに縛られた

開かれた牢獄を作る

光。

いいえ。

光は新しい始まりと希望への道を導きます かつて
は傷ついた感情や欲望を別の意味で受け入れるこ
とができます

暗闇?

はい。

暗闇は今や安らぎを保っている

帰れない

まだです

成長が始まるまでにはもっと時間が必要です

誰かに打ち明けられたらいいのに
なぜ善良なものは去るのか
孤独は私の唯一のつながりです
か
どうして十分になれるのか

共有しすぎるのは好きではありません
一緒にいる人には見つかっていません
精神的なつながりは私にとってより重要です
彼らはもっと何かを探していました

自分を愛するのは難しい
私の何がそんなに素晴らしいのか
変化はいつも私を一人にさせる
なぜ私の人生は決して十分ではないのか
なぜ知恵には代償が伴うのか

誰もが自己愛を実践すべきです
ありのままの自分に感謝する
変更を行うのは良いことです
成長は人生で大切なこと
知恵にはより良い機会が伴います

美しさと満足感、それを見る人にしか受け入れられないもの

美しさは、満足感と同じように、社会における見方や感情として見られています

すべての人が「持てる」ものを持つことの喜びが、それを「感じる」ことができるものに限られる

美しさと満足感、失敗と基準に悩まされた甘い悲しみのメロディー

その人の美しさと満足感を真に見るのは、もう一人だけです

そんな２つが凌駕したと思っている人でも、今はわかります

美しさと満足感:それを受け入れ、信じる人だけがもっともらしいと思うもの

「部外者や愛する人からの受け入れは、あなたが自分自身に与えることができる真の受け入れには決してならない」

「表面を壊さなければ、どうやって成長できるのか」

自己嫌悪

怒り

劣等

愛せない

「未来の会話」

軽蔑と後悔の感情を感じずに「あなたにとって人生は何でしたか?」と答えるにはどうすればよいでしょうか

私は幸せと私が世話をしている人と一緒にいると言うべきだと思います。あるいは、お金や名声を欲しがっているのかもしれません

私にとっての人生は孤独です。軽蔑と、もちろん後悔

私は自分が望む人生を悲しみとは見ていません、それは私がこれまで望んだことのないものです。本当に感謝の言葉しかありません

私はついに未来の自分のために、物事が作用するところを経験するために進路を変えました

デジャヴュのように記憶に閉じ込められたかつての自分を捨てて

緑のさまざまな色合い、私の存在に関連する色の色合い

エメラルドグリーンは、私の根源、あるいは魂と呼べるもので、闇と光の美しさであり、その２つがお互いを覆い隠すことはありません

それが私の人生を象徴するために選んだ色です

変化は私の心自体が常に経験するものであり、知識と展望の成長は時間とともにのみ訪れるものです

しかし、緑の色合いは、花の咲く木のように明るく、陰鬱な森のように暗い場合があります

私がいつも歩いている人生の２つの影 結局のところ、それは過去から作られた道です

私にとって前進することは、過去の後悔、怒り、傷のすべてを次のステップに移し、変化し、洗練された自分を解き放つことです

その時初めて、時間の止まりに気づく

私は作り出された自己憐憫に一人で埋もれてしまった

20歳にして過去の記憶が鮮明で、永遠に生きられるかもしれないと思うと、不思議な心地よさを感じる

つまり、時間が感じられなかったら、どうやって年をとることができるでしょうか

変化し、洗練され、変化し、洗練されていく未来の自分は、ようやく新しい感覚の時間そのものを迎えたのでしょう

2022年は、重要な節目になると感じた年でした

私が幸せを取り戻せるなんて、誰が知っていたでしょう

まさか私が再び詩を書き始めるとは、誰が想像したでしょう

私がその人の殻を破るなんて、誰が思ったでしょう
月日が経つにつれて、私は創造しました

2022年、幼少期の自分を見つけた年

悪夢がそれほど恐ろしくなく、眠りが私を拷問しなくなることを誰が知っていたでしょうか

自分の人生の中で生み出せるものを心から楽しむよ
うになりました

10歳で「スウィート・シックスティーン」なんて絶
対にないと思っていた

運転の仕方や、大人になってから得られる生活を学
ぼうとは思ってもみませんでした

20歳になってようやく気づいたんです

自分の将来について考えたこともなかった

だから今を捨てるしかないんだろうな

詩を書いたり、ピアノを弾いたり、本を読んだりす
ることへの情熱を自分に再導入しました

私の部屋で幸せに一人になり、再び無数の考えと
可能性を心に抱いています

　より明確な未来を形作る

生長

受理

変える

幸福

いじらしい

'強制

出発'

私たちがしがみつく人々からの強制的な離脱

未来の瞬間、私たちは繁栄するための新しい方法を見つ
けるために降伏します

幸福は、負傷者だけが感じる両刃のナイフから生まれ
ました

忍び寄る距離の現実に決着をつけるために、痛みの
前提条件を歓迎する

傷つきを自覚しながらも、それを心の潜在
意識に押し込む

圧倒的な罪悪感

両刃のナイフを感じたことのない持ち主を残して

偽りのバブルに無頓着で、双方が息を吸い込むこと
ができると考えたのです

なぜ私のために戦わないのか
君がいないと成長できない
嫌いになれたらいいのに
俺の未来からお前を消す時が来た
私のところに戻ってきてください

こっちのほうがいい
一緒に成長することはできません
私はいつもあなたを愛しています
これはさよならだと
思います そろそろ行
こう

いいえ。泣かないでください
割に合わない
なぜ私の体は私の言うことを聞
かないのですか
なんでこんな感情を

はい。泣く
あなたはそれに値する
自分を解放してる
なんでこんなに壊れやすい
んだろう

そろそろいいかな
また自分の一部を失ってる
この感覚は嫌だ
幸せがあなたを巻き込まないわけがない
なんで君がいないと幸せしか感じられないんだ

そろそろいいかな
あなたは私を変えました
私はそれが良い方向に向かっていると思います
道が違いすぎるのかもしれない
お互いに成長するための時間が
必要だ

君がいなくて寂しかった
友情を終わらせたくなかった
でも、私はあなたの足跡でした
一緒に過ごした年月は、一度も別れを告げることな
く終わりました

どうですか
どうして時が私を裏切り、これほどまでに自己満足
に陥るのだろう
時間は成長する友だと思っていました
時間は目的を達成するための手段に過ぎないことを
忘れていた

「橋は永遠に続くものではありません。時間が経てば、再構築する必要があります」

「離れることは、成長しようとすることよりも勇気がいることです暗い”

生長

受理

変える

ルールド

によって

運命」

運命
運命よりも大きなホールド
最強の相手
決してあり得ない希望に満ちた
勝利

選択肢
無意味な出来事
それは決して運命を左右
することはできない
違う未来へのチャンス

今後の展望
事前に記述されたパス
私の全存在がハードドライブに刻まれる
運命に過ぎないと思い込むフェイントの
違い

葛藤によって運命」

宿命
コントロールできる
「運命」 自らが望む
旅 刻まれた未来

決定
計算された選択
完結した道から抜け出す方法

現在
より長い人生の範囲を天秤にかける
永遠に変わる結末
未来を創る運命にあるかもしれないと考えることへ
のフェイントの違い

'ロスト

思い出」

今は過去を垣間見るしかない

いつから我を忘れたのか

どうして我を忘れることができたのか

周りに置いていた人たちのせいだと言いたいなぁ

しかし、いつから自分を騙し始めたのか

他の人と一緒にいると、どうしてまた自分の部屋に

一人でいるような気分になるのでしょう

その2つの気持ちが入れ替わった

部屋に一人でいるのは安全な快適さで、行動や思考

の自由度が高まります

絶望感や終わりへの憧れは、すべて収まるだろう

他人の期待の重荷を軽くした

最初は気づかなかったのですが、時が経つにつれて

、かつての感情は、私のメンタリティだけが勝利を

収めることができるものになりました

最後に夢を見たのはいつだったか覚えていない
子供の頃だったと思います
夢はキャンディーのようだった
簡単に盗まれる
夢は、想像できない人にとって非常に価値があります
実際、私が年をとったときだったと思
いますが、夢は現実に悩まされていま
した
簡単に変更可能

「お父さん」
その言葉を言うのは不自然に感じます
なぜ空虚さを背負った言葉を発するのか

「お母さん」
その言葉を口にすると、安心感を覚えます
なぜ私は愛を込めた言葉を発しないのか

「シスター」
その言葉を口にすると、私は慰められます
言葉を発することは、築かれたつながりと開放性から
生まれます

詩人

作家

著者

過去の記憶が征服しようとする未来像

「一瞬の価値は、その瞬間に初めてわかる

思い出になる」

競合

心配

差

'エンディング

リフレクションズ

それは常に物事を受け入れることではなく、それ
を再定義することです
あなたの人生に合った別の定義の下で

良い思い出も悪い思い出も、あなたの人生には居場所があり、断片として保持され、無力であり、あなたの未来を導く全体性を完全にコントロールすることはできません

過去の関係を再評価し、将来の再発を防ぐ

それぞれの過去の経験を第三者として見つめ、頭の中で二重の自分をキャラクターのように作り出し、その中での自分の役割を分析する。自分を悪役とヒーローとして想像して初めて、それに対する他の人の視点を理解することができます

私が思い描く新しい人生ではもはや目的を果たさ
ないはずの記憶からのとりとめのない考え、
決して忘れないように自分に言い聞かせる感情、
変化に対する無限の内面の葛藤、憎むべき幸せを
もたらす習慣

詩は、怒りに起因することなく、感情を解き放つことができる唯一の表現形式でした。慰められた充実した悲しみ

www.ingramcontent.com/pod-product-compliance
Lightning Source LLC
Chambersburg PA
CBHW041215150726
48006CB00016B/2261